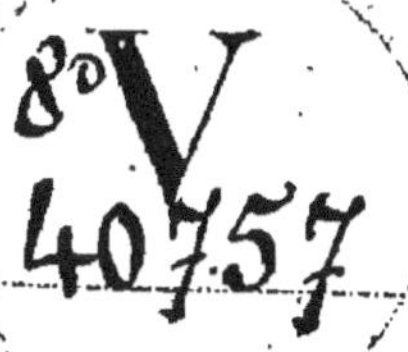

COURS LIBRE D'HISTOIRE MUSICALE

Professé à la Sorbonne

Leçon d'Ouverture donnée le 15 Avril 1902

L'ÉVOLUTION DE L'ART MUSICAL ET L'ART GRÉGORIEN

PAR

GEORGES HOUDARD

PARIS
LIBRAIRIE FISCHBACHER
(SOCIÉTÉ ANONYME)
33, RUE DE SEINE, 33
1902

L'ÉVOLUTION DE L'ART MUSICAL

ET

L'ART GRÉGORIEN

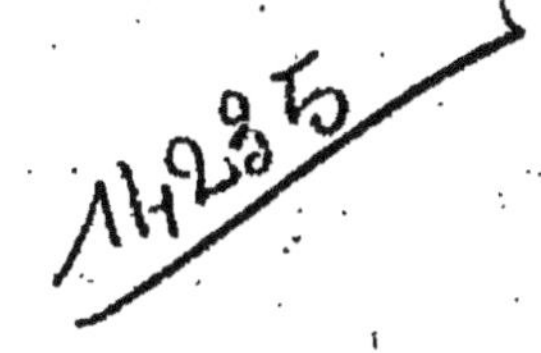

COURS LIBRE
D'HISTOIRE MUSICALE

Professé à la Sorbonne

Leçon d'Ouverture donnée le 15 Avril 1902

L'ÉVOLUTION DE L'ART MUSICAL
ET
L'ART GRÉGORIEN

PAR

GEORGES HOUDARD

PARIS
LIBRAIRIE FISCHBACHER
(SOCIÉTÉ ANONYME)
33, RUE DE SEINE, 33
1902

L'ÉVOLUTION DE L'ART MUSICAL

ET

L'ART GRÉGORIEN

(Leçon d'Ouverture donnée le Mardi 15 Avril 1902)

MESDAMES,
MESSIEURS,

En vous conviant à venir honorer de votre présence cette leçon d'ouverture, je ne suis pas sans me rendre compte de la lourde responsabilité que j'ai assumée.

Entreprendre un cours dont le but scientifique est de mettre à néant des affirmations traditionnellement admises dans une partie du Monde musical, peut sembler une tentative téméraire.

Je ferai néanmoins ce cours, non que je m'abuse sur mes forces, et non pas uniquement parce que j'ai une foi ardente et inébranlable en un système, mais parce que je m'appuie sur des documents certains dont j'entends vous faire juges.

Si je sens entre vous et moi une communauté d'aspirations désintéressées se traduisant par une confiante attention la moitié de ma tâche sera accomplie, l'autre moitié grandement facilitée.

Notre génération se passionne pour la recherche méthodique de la vérité. Elle ne veut pas plus entendre parler de conceptions « *a priori* » que d'histoire superficielle. Elle veut découvrir le « *pourquoi* » des choses !

La science musicale n'échappe pas, depuis de longues années déjà, à ce besoin d'investigation du passé, qui, aujourd'hui plus que jamais, pousse irrésistiblement les hommes de science dans toutes les voies ouvertes à l'intelligence humaine.

Est-ce à dire que nous soyons dès maintenant en pleine possession des principaux éléments que les plus récents travaux ont eu pour but de dégager ? L'avenir insondable pourra seul nous le certifier lorsqu'à distance nous mesurerons impartialement le chemin parcouru.

Pour l'instant, Messieurs, bornons-nous à quelques réflexions générales. Si s'occuper de musique est louable ; si posséder son art sous le double rapport de la théorie et de la pratique est mieux encore parce que cela est nécessaire, par contre le complément obligé de toute instruction musicale doit être la connaissance raisonnée des principales transformations par lesquelles l'Art a du passer avant de devenir ce qu'il est au moment où l'on en parle. Il faut cela, ne serait-ce d'abord que pour ne pas proférer des hérésies historiques entachant de fausseté les travaux futurs, et, en second lieu, pour être soi-même mieux préparé à tirer des conclusions pratiques en vue d'un progrès toujours possible à réaliser dans l'avenir.

S'il y a division momentanée entre quelques érudits sur certains détails d'une question à l'étude, *a fortiori* l'amateur des choses de l'art, avant de prendre parti pour l'une ou pour l'autre des écoles en présence, doit-il posséder au préalable une instruction suffisante des choses pour être apte à juger la valeur des arguments de base invoqués par chacune d'elles.

Hors de cela, point de critique sérieuse, je dis plus : point de salut pour la science. Car, si la science marche à la conquête de l'inconnu, c'est, en définitive, le public qui utilise ses découvertes. La base en est-elle fausse, jugez du résultat.

Qui nous dit même, Messieurs, que la prescience de l'argument nouveau susceptible de départager les érudits, en ramenant la controverse sur son vrai terrain, ne viendra pas à l'esprit d'un musicien aujourd'hui inconnu, demain célèbre, peut-être l'un de vous, Messieurs. Je ne viens donc pas vous imposer mes conclusions, mais vous les proposer et solliciter votre attention vers l'un des sujets les plus élevés parmi ceux qui touchent à l'Art musical et à son histoire.

Fixons d'abord le dessein de nos réunions futures et délimitons nettement le champ que nous aurons à parcourir.

Le dessein : vous faire connaître d'après les travaux antérieurs et les conclusions de mes recherches personnelles ce que fut théoriquement l'Art musical pendant la période comprise entre le IIIe et le XIe Siècle de notre ère. Et, comme cet art se résume à peu près exclusivement dans la musique religieuse de l'Église catholique, appelons les choses par leur noms, c'est de l'Art Grégorien, de sa théorie rythmique, de son caractère esthétique que j'aurai à vous entretenir dans notre cours de l'année prochaine.

Mais comme, d'autre part, il est évident que cette forme d'art n'est pas une isolée dans la chaîne des transformations que l'Art a subies et subira encore, le champ qui s'offre à nous doit, dès ce moment, vous apparaître immense à explorer. Son étendue est telle, en effet, ses limites sont si loin hors de notre vue, qu'il m'a paru qu'une initiation préparatoire s'imposait au début de notre étude, et ce n'est que par une incursion rapide dans le passé musical tant de l'Europe que de certains pays d'Orient qu'il nous sera possible de saisir sur le vif le rôle si important joué par le Chant Grégorien en Occident.

Ce sera le sujet de cet entretien.

Nous étudierons successivement les trois grandes périodes : L'Antiquité, le Premier Millénaire chrétien, les Temps modernes depuis le XIe Siècle.

I

Transportons-nous par la pensée aux alentours de l'an mille avant J.-C. et représentons-nous la situation géographique des peuples de l'antiquité, telle qu'elle nous est connue par les auteurs classiques.

Puis, circonscrivons notre enquête sur le passé musical de ces unités ethniques aux seules contrées dont les manifestations artistiques aient un rapport direct avec notre sujet.

Musicalement *l'Occident* n'existe pas pour nous, bien que tout nous certifie qu'il y eut dans ces régions et spécialement dans les régions septentrionales, une culture musicale intense que nous devons néanmoins nous abstenir de définir faute de documents précis.

Rome n'existe pas encore.

Tournons, en second lieu, nos regards vers *l'Orient*.

Parmi tous ces peuples remuants dont le passé musical nous est certifié cette fois par des monuments dont l'ancienneté même offre pour nous toutes les garanties d'un certificat d'origine, seuls deux foyers artistiques retiendront notre attention : La Grèce et la Palestine.

La Grèce des temps héroïques nous apparaît à

travers le voile des légendes homériques comme un enchevêtrement de civilisations tendant à s'amalgamer et luttant entre elles pour conserver leur originalité native. Elles se superposent les unes aux autres selon les caprices du moment, en attendant l'heure du fusionnement fatal, aisé à prévoir.

Les instruments de musique sont rudimentaires; les échelles modales sont bornées. L'enthousiasme, lui, n'est ni l'un ni l'autre, il est débordant. Qu'a-t-il produit musicalement? Nous ne le savons pas au juste, mais il ne nous est pas loisible de ne pas faire mention de cet état en quelque sorte préhistorique de la musique grecque. Il nous sert de témoignage moral d'un passé — légendaire il est vrai — mais dont l'existence est nécessaire à l'explication de la constitution de l'art grec des siècles postérieurs.

La Palestine enfin, et plus particulièrement la Judée rayonne sur l'Orient le plus proche de Jérusalem, la Jérusalem de David et de Salomon, la Jérusalem du premier temple.

Rappelons-nous, avant d'aller plus loin, que commencé en 969 et dédié en 961, le fameux sanctuaire fut, dès cette époque, desservi par 24.000 lévites dont 4.000 divisés en 24 sections d'environ 160 exécutants (chanteurs et instrumentistes) était spécialement affectés au service musical (1).

(1) Voir E. David dans les *Archives Israëlites*, Année 1873

Chaque section obéissait à un chef de chœur — *le Ménatséah*, le maître de chapelle de nos jours — et, dans les grandes fêtes religieuses, les 24 sections se réunissaient en une seule masse chorale et instrumentale sous la direction d'un chef suprême.

Nous sommes bien, là, en présence du premier foyer connu ayant exercé sur notre Art religieux chrétien une action dont nous verrons plus tard les résultats.

Devant un tel fait pâlissent un peu, vous l'avouerez, Messieurs, les dissertations des philosophes grecs aux yeux desquels le monde intellectuel et pensant paraissait inexistant hors de la sphère habitable qu'ils foulaient sous leurs pieds.

Loin de moi l'idée de les rabaisser dans votre estime, mais à les lire, on croirait volontiers que la musique est d'institution grecque.

Qu'elle doive aux Grecs du Ve Siècle l'élaboration de sa théorie, le fait est indéniable ; mais il ne faut pas oublier que la musique ainsi envisagée ne doit pas l'être en tant que production de la petite contrée maritime que nous nommons la Grèce, mais, bien au contraire, qu'il faut admettre implicitement sous cette étiquette la civilisation grecque prise dans son ensemble, et comprenant aussi bien le continent que les îles et le rivage asiatique, en attendant qu'elle envahisse la Phénicie et la Palestine limitrophe.

Quoi qu'il en ait été, les pompes religieuses du

Temple de Jérusalem étaient dans tout leur éclat, que la musique grecque en était encore à se constituer. Elle ne se développa réellement qu'à dater du VIIe Siècle et ne parait digne du nom d' « Art » qu'à compter du VIe, sinon même du Ve Siècle.

Une coïncidence ne peut vous échapper ici.

Le VIe Siècle est précisément celui qui fut témoin de la captivité de Babylone et de la destruction du Temple par Nabuchodonosor en 587, entrainant l'anéantissement momentané de l'art religieux hébraïque. Ce ne sera pas lorsque la captivité cessera vers 537-536 et que les Israélistes fortement imprégnés de langage et d'usages chaldéens reprendront le chemin de la Jérusalem dont bien peu parmi eux pouvaient évoquer le souvenir *de visu*, ce n'est pas à ce moment, dis-je, que la musique retrouvera une vitalité nouvelle.

Non. Le recensement ordonné par David avait accusé 38.000 lévites de tout âge dont les 24.000 reconnus aptes à remplir les fonctions effectives du sacerdoce à tous les degrés ; à la rentrée en Judée on ne put en compter en tout que 148.

Il est juste d'ajouter que, seule la portion pauvre de la population était revenue au berceau des aïeux. La fortune avait favorisé les autres et les biens de ce monde les retinrent en Chaldée.

Nul doute que ce ne soit désormais la léthargie, signe précurseur de la mort. Et, en effet, tandis que l'art hébraïque déchoit, obéissant à ce jeu de bascule qui paraît être une des lois de la nature, la période classique de l'art grec va s'ouvrir et atteindre rapidement son apogée au début du Ve Siècle avec Simonide, Pindare, et Eschyle, puis, un peu plus tard dans la seconde moitié du même Ve Siècle avec Sophocle et Euripide. C'est le siècle de Périclès.

Une telle prospérité artistique ne devait pas se soutenir plus d'un siècle et demi. L'évolution du goût public la guettait et les hommes ne furent pas maitres de l'enrayer. Au IVe Siècle, à l'époque d'Alexandre le Grand, l'attraction vers des spectacles moins sévères que l'art classique se laissait entrevoir à des symptômes évidents.

Etait-ce une décadence du goût public ? Tout n'étant que relatif parmi les hommes il serait excessif de qualifier de ce terme « *décadence* » une transformation nécessaire au progrès de l'art musical lui-même.

La comédie, la pantomine, la musique instrumentale devaient être désormais les favorites du siècle nouveau.

N'est-il pas étrange de constater cette fois que ce IVe Siècle est également celui qui vit naître deux des plus grands penseurs de l'antiquité, Platon et Aristote dont les écoles rivalisaient de subtilité sur le terrain philosophique musical ?

Le prince même des théoriciens de la musique

antique, Aristoxène de Tarente, est le disciple le plus marquant d'Aristote.

Eh bien, non, cette constatation n'est pas étrange et les trois grands noms que je viens de rappeler sont pour nous la preuve non suspecte que s'il y avait *transformation* de l'art musical il n'y avait pas *décadence*.

En un mot la musique pure allait voir le jour. C'était une voie nouvelle qui s'ouvrait.

Mais, auparavant, comment les philosophes grecs envisageaient-ils l'art musical à cette phase troublée de son existence ?

La musique que, de nos jours, on a trop longtemps regardée comme un art d'agrément frivole, était considérée dans ces temps lointains comme l'une des sciences qu'un homme intelligent devait approfondir obligatoirement, elle faisait partie intégrante de l'éducation virile.

Si, dans l'antiquité, d'un côté la nation cultivait la musique par goût inné, d'un autre côté les éducateurs du peuple tenaient la main à ce que le goût du *Beau* classique fut respecté.

Pour atteindre ce but plus sûrement, tout ce qui concernait la science musicale et sa mise en œuvre était sévèrement codifié, et codifié même jusqu'à l'enfantillage.

Aristote, Aristoxène, et plus tard Aristide Quintilien n'ont pas su éviter cet écueil. Bien plus, tout novateur était traité, ou peu s'en fallait, comme un criminel de lèse-religion, c'est-à-dire de lèse-patrie, et ce que nous appellerions aujourd'hui une conquête, un progrès dans la pratique, fut marqué dans les temps antérieurs par une condamnation, plusieurs fois par un exil.

Maintenue par de telles traditions séculaires l'art officiel n'aurait jamais dû descendre des hauteurs où, dès l'origine, on l'avait placé, s'il n'était dans la nature humaine de chercher le mieux pour ne rencontrer quelquefois que le pire.

Est-ce à dire que la musique était l'élément principal lorsqu'elle se faisait entendre dans les cérémonies officielles ?

Non. Elle le fut plus tard, pendant la période dite instrumentale, mais à l'époque classique elle n'était encore que l'accessoire brillant destiné à mettre en un relief plus saillant la beauté idéale de la poésie qui la motivait.

La musique était le complément de la poésie ! Mais elle avait en tant que complément de cette poésie, un but moralisateur sur lequel les philosophes de la Grèce n'ont cesser d'attirer l'attention des poètes-compositeurs.

Jetant un regard dans le lointain des âges nous apercevons le chœur de la tragédie antique.

Ce chœur représente, la foule, l'esprit de la foule, son état d'âme.

Et quels accents les poëtes lyriques mettent-ils dans la bouche de la foule ainsi quintessenciée par quelques acteurs ?.. Des accents généralement inspirés par les sentiments les plus nobles : ceux de l'honneur sous toutes ses formes, la glorification du bien, la réprobation du mal.

Le but moralisateur vous apparaît immédiatement et ce sera sur le rythme adéquat au sens moral de la poésie que portera longtemps tout l'effort des compositeurs.

Tout y était prévu, classé, dénommé. Le rythme à ne pas employer pour telle fin était aussi rigoureusement proscrit, qu'était fixé le rythme à mettre en œuvre pour telle autre fin. Méthode draconnienne, s'il en fut, entrainant l'immobilité de l'art le plus mobile qui exista jamais ici-bas.

Envisagerons-nous, d'autre part, le rôle de la mélodie — critérium de comparaison communément recherché ?

Etait-elle ce qu'elle est de nos jours, le suprême moyen d'expression des sentiments dramatiques ?

M. F. A. Gevaërt (1) vous répondra : « *Jamais la mélodie n'avait à exprimer les sentiments déterminant les actions du personnage, fonction exclusivement réservée à la parole.* »

Il faut bien l'avouer, de plus, Messieurs, nous

(1) Voir Hist. de la Musique dans l'Antiquité t. II p. 513

devons être très circonspects dans l'appréciation que nous voudrions formuler touchant la valeur esthétique de ces mélodies grecques. Autres temps, autres mœurs ; autres aspirations, autres horizons ! Soyons même très sceptiques en présence des distinctions proposées sur le caractère pathétique de chacun des modes antiques et regardons-les, *a priori*, comme des subtilités de raffinés dilettantes auxquelles le peuple était sans doute fort étranger. Si l'on nous demande une concession d'amour-propre disons que notre concept musical est trop différent pour porter un jugement définitif. La musique est d'ailleurs perdue en presque totalité et les quelques bribes qui nous sont parvenues ont, au fond, laissé plutôt froids ceux qui eurent l'occasion de les entendre à l'Ecole des Beaux-Arts, il y a quelques années.

Cela tient à deux causes que vous avez déjà formulées en vous-mêmes, je n'en doute pas.

L'une, l'étrangeté de la mélodie construite sur des gammes dont notre entendement moderne a, peut-être provisoirement, perdu l'habitude ; l'autre, et la plus importante à mon avis, l'absence du cadre merveilleux dans lequel se déployait l'action que la musique magnifiait. Une salle de concert n'est pas le plein air ensoleillé de la Grèce. La curiosité passagère ne peut faire naître en des auditeurs de notre temps ce que l'enthousiasme religieux inspirait aux foules disparues.

A la perte de la mélodie des nombreuses œuvres produites par les grands artistes de la Grèce, une compensation nous est offerte par la conservation des théories qu'ils respectaient et la certitude scientifique et historique que le rythme de ces productions musicales était soumis à des règles précises, nous suffit pour la thèse que nous aurons à démontrer prochainement.

Le génie des théoriciens grecs réside uniquement dans la découverte et l'énoncé des lois du rythme musical, voila ce que nous devons admirer en eux ; c'est leur plus beau titre de gloire à nos yeux.

Vous exposer, d'autre part, en quoi consistait la théorie rythmique qu'ils enseignaient, sortirait du caractère de cette leçon — sorte de préface à l'œuvre future — mais, sans entrer dans des détails, ici superflus, nous sommes pleinement autorisés à professer que la rythmique antique et la rythmique moderne sont de même essence absolue bien qu'un interrègne de quinze siècles au moins les séparent.

L'important pour nous, en effet, est de retrouver dans les œuvres des générations passées la trace des des lois rythmiques musicales purement humaines. L'histoire de l'humanité musicienne doit nous captiver plus que l'histoire de la musique des races dont le caractère propre à l'une ou à l'autre provient du milieu, c'est-à-dire de l'éducation tour à tour reçue et transmise.

N'ajoutons qu'une considération à notre rapprochement des deux genres de composition, et à sa réalisation dans la lyrique chorale.

Autrefois le compositeur était son propre poète. Souvent même il réunissait en soi la trinité artistique de poète, compositeur et acteur. Pindare est un des modèles du genre.

Aujourd'hui le poète est un homme, le musicien un autre homme, l'acteur ou le chanteur une troisième personnalité, chacune travaille de son côté.

Le goût était donc, et par cela même, plus pur autrefois parce qu'il y avait alors unité de conception, d'inspiration et de réalisation.

Pour rendre hommage à la vérité nous devons dire qu'actuellement le monde peut jouir d'une sensation artistique aussi parfaite dans l'œuvre de Wagner poète, compositeur et metteur en scène (sinon acteur) de ses productions géniales.

Reprenons notre historique de l'antiquité et terminons-le. Nous avons quitté l'art hébraïque vers le IVe Siècle au moment où les conquêtes d'Alexandre changent la physionomie de l'Asie Mineure et des pays voisins. L'art hébraïque ne pourra bientôt plus vivre au milieu des bouleversements politiques causés par les compétitions des Séleucides se disputant les lambeaux de l'empire du célèbre conquérant. La

Grèce ressentit probablement le contrecoup de ces soubresauts de l'Orient, l'art classique put en éprouver les effets dissolvants mais le fait bien certain est que, lorsque les ambitions conquérantes de Rome se tournèrent vers cette Grèce ardemment convoitée et vers cet Orient plus fatalement attractif encore, depuis plusieurs lustres c'en était fait de l'art pur ; il avait vécu. La musique instrumentale et scénique avait même envahi la Palestine aussi bien que l'Italie.

Parallèlement l'art hébraïque aura côtoyé trop longtemps le bord du précipice pour n'y pas sombrer à son tour, mais non toutefois sans avoir (1) pu subsister assez longtemps pour permettre au christianisme alors naissant d'en connaître certains usages millénaires que les néophytes chrétiens pratiqueront inconsciemment comme en obéissance à une tradition de race.

Je veux parler du mode d'exécution des psaumes à la façon orientale, c'est-à-dire à la façon hébraïque, seul vestige ayant échappé au naufrage des institutions musicales des Hébreux dont nous ne connaissons rien, ni en théories musicales, ni en mélodies traditionnelles.

Nous verrons dans notre leçon sur les origines du

(1) Jusqu'en 70, année de la destruction du second temple par Titus.

chant chrétien ce que ce fait de chanter les psaumes à la mode hébraïque, a engendré de remarquable pour l'art musical occidental des dix siècles qui ont suivi.

Constatons enfin que sans heurt nous sommes arrivés à l'aube des temps modernes, au seuil du premier millénaire de notre ère, la seconde période que nous nous sommes proposé d'étudier aujourd'hui.

II

La musique, au début de cette période, était déchue de son rôle d'éducatrice de la nation.

A Rome, les artistes en vogue étaient encore et en majorité des Grecs. Tout l'enseignement musical était entre leurs mains. L'Art en devenant frivole et tout de charme extérieur s'était fait le compagnon obligé de toutes les fêtes, même les plus privées, dont la société romaine se montrait si avide à cette époque de luxe sans pareil.

Mis à la portée de tous en ayant cessé d'être en quelque sorte la propriété du poète, il devint le passe-temps par excellence de la multitude. A une jouissance artistique ayant pris un si prodigieux développement au sein d'une société raffinée, il fallait pour être annihilée une éducation diamétralement opposée. Ce sera l'œuvre du christianisme.

Avec le christianisme, va s'accomplir le retour progressif à la mission qui, de toute antiquité, avait été celle de la musique. Aussi tente-t-il dans le domaine de l'art, et dès la première heure de sa sortie de l'ombre, de transformer à son actif tout ce qui existait antérieurement.

Révolution toute pacifique d'ailleurs, car il ne faut

pas oublier que le christianisme pendant les premiers siècles de son existence fut la religion des humbles, des déshérités, et que la lutte, pour ainsi dire muette, entre le nouvel esprit et l'ancien, était engagée plus contre des mœurs révoltantes que contre tel acte particulier.

Héritière et restauratrice volontaire de la tradition moralisatrice antique, — car c'est un but chez elle et ce but nous le retrouvons plus visible au moyen-âge — l'Eglise assumera, toutes proportions gardées, la mission que le chœur de la tragédie, ensevelie depuis des siècles, ne pouvait plus réaliser.

Confinée dans une retraite imposée par les circonstances, elle usera longtemps encore du simple psaume récité à mi-voix plutôt que chanté. Puis, selon la liberté relative dont elle put jouir dans quelques centres religieux moins exposé à la vindicte gouvernementale, nous voyons se faire jour timidement quelques chants non liturgiques, hymnes ou cantiques, émanés de pieux laïques. Ceci se passe dans les pays grecs. La forme adoptée est le verset poétique. Premier « pas » dans la rénovation de l'Art musical, mais « pas » décisif en ce sens que, dès ce jour, l'art chrétien trouvait une base ferme. Les usages littéraires et les usages rythmiques musicaux de toute l'antiquité classique réapparaissaient dans leur pureté originelle.

Parallèlement, le psaume exécuté selon la coutume

hébraïque par deux chœurs alternant le chant des versets, avait pénétré un peu partout à la suite des missionnaires venus de l'Orient, et nous pouvons, dans les écrits des Pères de l'Eglise, suivre la diffusion de ces usages jusqu'aux confins du continent.

L'œuvre civilisatrice, entravée par les persécutions, avait au IVe Siècle définitivement repris sa marche en avant, et nous touchons au moment décisif de la constitution de l'Art musical catholique. Il va se manifester désormais sous deux formes nettement caractérisées, prenant chacune divers aspects.

L'une, vous la connaissez déjà : les hymnes. Dès le IVe Siècle, le génie de Saint Ambroise, évêque de Milan, avait donné de cette forme musicale le modèle parfait qui valut à son auteur le nom de père de l'hymnologie chrétienne.

D'autres hymnographes avaient également réussi dans la même voie à la même époque, il suffira de rappeler Saint Hilaire, évêque de Poitiers. D'autres, tels que Venance Fortunat y réussiront dans la suite.

La seconde forme de l'Art musical chrétien apparaitra presque en même temps : c'est la cantilène romaine, dénommée beaucoup plus tard le *Chant Grégorien.*

Nous savons qu'il existe dès ce moment, quel/que soit son nom de baptème. Les parties de l'office qui le motivent sont fixées, donc il doit exister. Sous quel aspect mélodique et rythmique se présente-t-il ? Mais d'abord d'où vient-il ?

Il procède évidemment d'une tradition artistique antérieure, fut-elle embryonnaire, car l'évolution progressive est partout, elle ne peut pas ne pas y être.

Quelle est cette forme ? A-t-elle comme celle des hymnes, des racines profondes dans les usages musicaux qui l'ont précédé ?

Toutes questions fort graves auxquelles je n'ai trouvé de réponse nulle part. On parle avec une surabondance d'épithètes admiratives de cet art sublime, mais on ne réussit pas à nous le définir théoriquement, on oublie même de nous en montrer l'acte de naissance.

J'ai tenté de le déchiffrer, et j'ai l'espérance d'y avoir réussi.

A côté des hymnes, nous ne voyons comme chant usité que les psaumes, dont la déclamation musicale, *libre* dans son étendue, est rythmée par le cadencement même du texte littéraire, dont toutes les syllabes réputées égales entre elles, sont exprimées par des notes théoriquement égales.

Abandonnons pour un instant les hymnes. La possibilité d'une forme musicale nouvelle apparaissait dans la déclamation du psaume. Le rythme au lieu d'être emprisonné dans le cadre du vers pouvait donc être « *rythme* » bien que libéré de ce cadre. Cette constatation dûment établie, la prose musicale était créée *ipso facto*. Le rythme était désormais une longue suite d'unités, toutes égales entre elles, comme une suite de temps rythmiques non groupés par mesures, contrairement à ce qui se fait actuellement.

Mais si un tel rythme, scandé par des inflexions de voix correspondant aux accents toniques ou phraséologiques du texte, était admissible pour une simple déclamation sur intonations musicales, il n'en était pas de même aussitôt qu'une phrase purement musicale surgissait dans l'esprit du compositeur.

Le rythme musical reprenait son empire absolu, parce qu'il est dans la nature humaine.

Le principe de l'égalité des unités rythmiques successives étant posé, les compositeurs, libérés d'autre part du moule versifié, considérèrent le rythme musical comme une longue chaîne composée d'anneaux tous égaux et la cantilène fleurie, à son tour, vit le jour. Ce ne seront plus les accentuations toniques du texte qui, comme dans le psaume récité, imprimeront à la déclamation un rythme *sui generis*, ce sera la mélodie elle-même qui sera rythmée par ses inflexions intrinsèques.

Les musiciens me comprendront mieux si je leur rappelle que toute mélodie possède en elle des élans et des dépressions qui sont rendues sensibles au lecteur par la répartition des premiers sur *les temps faibles,* des seconds sur les *temps forts* de nos mesures conventionnelles.

Maintenant, juxtaposez, en les espaçant au dessous de cette ligne mélodique, les syllabes du texte liturgique — mais en faisant coïncider les syllabes littéraires accentuées avec les groupes mélodiques infléchis — vous aurez devant les yeux la représentation sensiblement exacte de ce que fut l'Art vocal grégorien de la belle époque.

A la question : Qu'est-ce donc au juste que l'Art grégorien ? Vous répondrez en toute certitude : l'Art grégorien est le produit de la fusion de deux courants artistiques, le courant gréco-latin et le courant grec-oriental.

Le courant gréco-latin lui apporta les lois du rythme telles que les anciens théoriciens grecs les avaient formulées ; le courant grec oriental lui donna par surcroît l'affranchissement de la forme, dans la *vocalisation* purement musicale de la phrase mélodique — le texte qui la motivait passant au second plan.

Alors que la musique gréco-romaine, mère de la musique grégorienne se mouvait dans un cadre limité : *rythmiquement* par des formules établies de longue date, *mélodiquement* par l'amplitude bien modeste d'une fraction de gamme, la musique orientale est venue lui infuser un sang nouveau en brisant le moule rythmique de formules guindées. Les pièces musicales d'origine purement grecque-orientale sont là pour le prouver.

L'art grec ancien avait obéi à une sorte de loi humaine, « la loi des nombres » emprisonnant l'essor de l'imagination. La mélodie grégorienne respectera cette loi hors de laquelle il n'y aurait que désordre et incohérence, mais par sa liberté d'allures, elle sera apte à exprimer enfin des sentiments immatériels alors que la mélodie grecque tenue en tutelle par un texte maître du terrain, n'avait jamais réussi qu'à ponctuer des gestes matériels puisque la danse accompagnait le plus souvent la poésie chantée.

Les Grecs, en célébrant leurs Dieux ou leurs fabuleux héros, chantaient l'homme sous cette enveloppe de circonstance. Les compositeurs grégoriens, comme les artistes chrétiens des siècles suivants, ne glorifièrent que Dieu en exprimant l'idéal divin.

Voilà, Messieurs, l'immense différence qui exista dès le début entre l'Art grec et l'Art grégorien, et l'immense supériorité de celui-ci sur celui-là.

C'était la revanche de l'idéal sur la matière, c'était toute la mission du Christianisme.

Le chant fleuri fut désormais l'objet d'un amour profond de la part de ses auteurs, malheureusement inconnus de nous, car, à cette époque, on ne travaillait pas pour sa propre gloire ; ce qui nous explique incidemment pourquoi les discussions sont toujours à l'ordre du jour sur la paternité de certaines œuvres de ces temps lointains.

Suivons maintenant ce chant dans sa marche par le monde.

Si nous en croyons les annalistes d'autrefois ce fut une marche triomphale. Il en fut autrement dans la réalité, spécialement en Gaule.

Importée d'une contrée où le chant fleuri est une seconde langue maternelle, la mélodie nouvelle devait faire le désespoir des chanteurs de Charlemagne et les exposer aux quolibets de leurs confrères romains. Ces malheureux artistes franks, à la voix rauque, étaient incapables d'exécuter des vocalises à perte de souffle. Il y avait là un vice de nature.

Il est à peine besoin de dire que la tradition sûre, inviolée de l'exécution romaine ne put jamais, dans de telles conditions, prendre pied dans nos pays franks.

Nous en trouvons la preuve dans l'un de ces faits qui marquent dans la vie artistique d'une race, dont les aptitudes particulières se révèlent subitement sous le choc de certains évènements.

Je veux parler de l'invention des *séquences* apparaissant pour la première fois à Jumièges, en Normandie, vers le milieu du IXe Siècle.

L'invention des séquences — quelques-uns d'entre vous ne peuvent l'ignorer — est le grand argument mis en avant pour prouver décisivement, quoique contrairement à toute vraisemblance, que l'Église romaine ne connut jamais d'autre art musical que le *Plain-Chant*.

Arrêtons-nous quelques instants sur ce point capital de la discussion actuelle.

Qu'est-ce qu'une séquence ?

Un texte extra liturgique composé par un moine pour être adapté à une suite de notes originairement vocalisées faisant partie d'un chant officiellement prescrit par la liturgie, suite de notes n'offrant aucun sens mélodique pour ce moine, parce que le rythme original lui en est inconnu.

Le rythme lui est inconnu, parce que trop difficile à exécuter et d'un caractère étranger au pays habité par ce moine, le rythme y est, de plus, arrivé déformé en passant de bouche en bouche — en suivant ce que l'on appelle la tradition orale.

Quelle est maintenant cette suite de notes si difficile à retenir ? Originairement, c'est la fin des versets alléluiatiques, c'est-à-dire la vocalise se chantant sur la syllabe *a* finale de mot *allelui-a* ; vocalise tellement exubérante et compliquée — comme toute vocalise qui se respecte — que lors de la pénétration du chant romain en Gaule, ce fut une stupeur générale. Aucun chantre frank n'était capable, professionnellement et vocalement, d'exécuter une telle guirlande de sons dans son mouvement rythmique original. On la déforma en s'essayant à l'ânonner. Perdant sa forme rythmique, elle perdait sa vie, il ne restait qu'un squelette sonore n'ayant plus aucun sens.

Le respect de la mélodie officielle s'imposant — et ayant été imposé, sans succès d'ailleurs, par Charlemagne et ses successeurs — notre moine aux abois devant un tel grimoire chercha un procédé mnémotechnique pour conserver dans sa mémoire, à tout le moins le *nombre* des notes de cette mélodie récalcitrante. Le moyen s'offre à lui sous forme de paroles pieuses inspirées par le texte même de la pièce qu'il avait à apprendre.

Il s'essaie à trouver une suite de mots dont le nombre total des syllabes correspondra exactement au nombre des notes de la vocalise. Il réussit dans ce jeu de patience spirituel et la séquence est créée. Qu'est-ce au juste, Messieurs, un simple guide-âne comme vous le voyez.

On ne s'arrêta pas à cet expédient primitif. D'autres moines plus instruits comprirent tout le parti à tirer d'un tel procédé. On traita de même toutes les vocalises, puis, finalement, mettant de côté toute astreinte à un modèle proposé, on se lança dans la composition pure en écrivant des poésies spontanées et la musique originale qui les devaient embellir. Le chant populaire religieux était trouvé, digne pendant au chant plus savant des hymnes ambrosiennes et au chant essentiellement fleuri oriental baptisé du nom de Chant grégorien.

Concluons donc, Messieurs, en toute bonne foi, que, si le Chant grégorien avait pénétré en Gaule sous son rythme si exubérant d'orientalisme, et, s'il avait trouvé des artistes capables de l'exécuter, la mélodie originale aurait été retenue aisément de mémoire, l'idée ne serait venue à aucun religieux de lui juxtaposer un texte intercalaire et.. la séquence littéraire ne serait pas née, parce qu'on n'invente pas une chose dont on n'éprouve pas un besoin même anodin.

Et c'est sur cette base plus que fragile, pour ne pas la qualifier d'un terme plus sévère, que repose toute l'argumentation du système prétendument authentique du rythme oratoire !

Souvenez-vous donc, Messieurs, que Charlemagne et ses successeurs ont fatigué la papauté de leurs demandes de livres notés et de maitres de chant, et cela à l'époque de l'apogée du chant à Rome ! Preuve capitale que partout en Gaule les livres étaient fautifs et les maitres incapables.

Ceux-ci étaient, de plus, réfractaires à l'introduction du chant romain, parce que, chantres franks, imbus de leur talent, ils voyaient dans les maitres romains des rivaux venant battre en brèche leur réputation. D'où, un antagonisme personnel contre lequel devait se briser toutes les ordonnances de nos rois, car les rois passent et l'humanité reste.

Aussi n'est-ce pas sans une surprise bien excusable, que, contrairement à toute vérité historique parfaitement connue, nous entendons parler aujourd'hui *d'exécution traditionnelle*, de conformité à des *traditions séculaires* dans l'exécution du chant fleuri dit grégorien, restauré, parait-il, dans son état premier, alors surtout qu'aucun témoignage n'est produit en faveur de l'assertion, sauf celui du chant des proses-séquences dont vous avez pu juger l'origine pour le moins étrange.

Non, Messieurs, il n'y a aucune tradition séculaire effective de l'exécution originale du Chant grégorien. La seule qui soit huit fois séculaire est celle du plain-chant informe de nos églises. Et, c'est en s'appuyant sur cet usage, presque millénaire aujourd'hui, que l'on a imaginé le remède du rythme dit oratoire dont on prétend revêtir l'art grégorien pour le rendre supportable dans sa misère.

Consultons les théoriciens depuis le IXe jusqu'au XIIe Siècle. Nous serons pleinement édifiés et nous jugerons en toute connaissance de cause.

C'est, vers la fin du IXe Siècle, Bernon d'Auge écrivant un ouvrage, pour combattre spécialement les altérations *tonales* introduites dans les mélodies officielles. C'est Guy d'Arezzo, au XIe Siècle, perfectionnant la notation sur lignes pour enrayer le fléau de l'oubli du rythme et des notes.

C'est Aribon le Scholastique, écolâtre de Liège, et

commentateur de Guy d'Arezzo écrivant au XIe siècle: *Autrefois les compositeurs et les chanteurs eux-mêmes apportaient la plus grande attention les uns, à noter leurs manuscrits, les autres à exécuter le chant noté en respectant la valeur longue ou brève des notes. Mais il y a beau temps que ces considérations sont lettre morte* (quæ consideratio jamdudum obiit) *bien plus, elles sont enterrées* (imo sepulta est)...

Ecoutez encore Saint Bernard terminant son traité sur le chant ecclésiastique par ces mots que l'on ne devrait pas oublier: *Prenez l'antiphonaire de Reims et comparez-le avec ceux de Soissons, d'Amiens ou de Beauvais, si, dès la première page, vous trouvez une identité, rendez grâces à Dieu.* »

Et c'est nous, Messieurs, que l'on accuse de forger, pour les besoins de notre thèse, l'histoire de la perte de la tradition !

Donc, pas de tradition orale transmise de générations en générations, depuis le XIe Siècle, même dans les monastères les mieux qualifiés et les plus réputés. Nouveau point acquis, n'est-il pas vrai ?

Où nous adresser dès lors pour retrouver cette juive-errante dont on parle partout et que nul ne peut rencontrer nulle part ? Où... sinon dans les manuscrits antérieurs au XI^c Siécle, éclaircis par les théories contemporaines qui en étaient le commentaire nécessaire.

Admettez-vous maintenant, Messieurs, qu'un manuscrit noté soit un témoin véridique d'un usage officiel et quotidien? Si vous le niez, restons-en là. Mais vous le nierez pas parce que vous savez que jamais un manuscrit n'a été composé sans but, qu'il est un monument authentique d'une langue, littéraire ou musicale, c'est tout un. Ce manuscrit était lu et compris. A lui seul, il est le témoin le plus autorisé de son époque, sans quoi toutes les sciences relevant de la *paléographie* ne seraient qu'un vain appareil d'expertise sans garanties.

Or, nous possédons des manuscrits neumés remontant au IXe Siècle et dans ces manuscrits le système d'écriture neumatique est déjà arrivé à sa perfection matérielle. La plume du copiste n'a jamais hésité, preuve d'un long entraînement, ce me semble.

La tradition orale ne nous en ayant pas conservé le rendu vocal, il est évident que le déchiffrement des hiéroglyphes dont ces manuscrits sont couverts, nous permettra en dévoilant leur sens absolu, de suppléer à la lacune de la tradition orale. Nous aurons percé à jour le secret que celle-ci ne nous a pas transmise, nous aurons en définitive reconstitué la langue morte et nous serons en état de la parler ou de la chanter de nouveau.

N'y aurait-il pas sujet d'être étonné, n'est-il pas vrai, que des chercheurs, qu'une analyse aussi patiente que minutieuse n'a pas effrayés, aient reconstitué, en tout ou partie — je n'ai aucune compétence à rien affirmer — les grammaires égyptienne, assyrienne et bien d'autres, et que, pour la grammaire grégorienne, nous soyons voués à des insuccès constamment répétés.

D'abord, Messieurs, la grammaire grégorienne existe, nous la possédons dans vingt ouvrages théoriques des maîtres contemporains de la haute culture du chant. De quel droit irions-nous en élaborer une nouvelle péniblement échafaudée sur des hypothèses établies a priori comme des dogmes scientifiques reconnus ?

Lorsqu'un mélomane étranger à nos usages européens voudra s'initier à notre système musical, que fera-t-il ?

Il prendra un cours de solfège pour pénétrer les secrets de notre rythmique et de notre notation.

Il prendra ensuite un traité d'harmonie pour découvrir les lois de notre écriture polyphonique.

Enfin il abordera la lecture de nos œuvres musicales.

Que diriez-vous de cet homme s'il se contentait de feuilleter des comptes rendus d'exécutions de concert ou de théâtre, ou même des dissertations sur les rapports de la poésie ou du simple langage, avec la musique ?

Le sourire viendrait sur vos lèvres. Pourquoi nos musicologues modernes agissent-ils comme cet étranger ?

Résultat : une critique superficielle dont, au début de cette séance, je vous dénonçais le danger.

Qu'y a-t-il dans toute musique ?

Des sons, du rythme.

Par quoi sont-ils représentés ?

Par un système d'écriture appelé notation.

Avons-nous la notation authentique du chant grégorien ?

Oui, puisque les manuscrits neumés du IXe au XIe Siècle sont conservés dans nos bibliothèques publiques.

Avons-nous, d'autre part, les ouvrages des théoriciens contemporains de l'exécution de ce chant ainsi noté ?

Oui encore, ces théories ont été remises au jour par Dom M. Gerbert dans sa collection célèbre des *Scriptores de musica medii aevi* !

A notre portée se trouvent donc, d'un côté, la théorie musicale dans les textes, de l'autre, la pratique dans les manuscrits notés : la règle, l'exemple !

Qu'avons-nous besoin de chercher autre part des documents plus probants ? Pourquoi faire appel à

Cicéron et à M. F. Quintilien pour expliquer la nature du rythme grégorien ?

Ils ont vécu plusieurs siècles avant l'éclosion du chant lui-même.

Parlent-ils même de musique ? Non. Ils traitent de l'éloquence « De Oratore ». « De institutione oratoria » tels sont les titres de leurs ouvrages.

L'un d'eux, M. F. Quintilien, dans un court passage, parle de rythme ; nous verrons plus tard dans quel sens.

Prendrons-nous à l'inverse le plain-chant du XIIIe Siècle et la théorie qui le régissait, pour juger de la nature du chant grégorien du VIIIe ?

Avouez qu'il serait singulier de prétendre juger les œuvres dites Palestriniennes en se servant des œuvres Wagnériennes comme pierre de touche.

Non, Messieurs, il n'y a pas deux voies à suivre pour élucider une question scientifique. Une chose est ou n'est pas. Il nous faut d'abord remonter aux sources authentiques et les analyser. Les théories contemporaines d'une culture musicale ont une autre valeur que les dissertations par rapprochements et analogies. Les théories seules sont en état de nous révéler ce qu'était l'Art dit Grégorien. A elles seules nous ferons appel bientôt et nous tenterons la reconstitution de son histoire par l'analyse de la théorie qui le régissait.

Résumons donc brièvement nos impressions sur cette deuxième période de l'Art musical.

Le chant de l'Église romaine comporte deux formes distinctes bien qu'étroitement apparentées :

1° La forme syllabique accessible aux fidèles : les hymnes, musique sévère, et les proses-séquences, musique populaire sans prétention.

2° La forme virtuose purement grégorienne, matériellement et liturgiquement inaccessible au peuple, *apanage exclusif d'un soliste* veuillez ne pas l'oublier, car c'est la réponse décisive à faire à quiconque prétendra que ce chant était simple et à la portée de chacun. Ce qui est faux !

Cette deuxième forme trouve sa base rythmique dans l'art grec, elle emprunte à l'art de l'Orient ses formules mélodiques vocalisées et la fusion s'opère insensiblement.

De cette fusion naît la mélodie continue, inconnue de l'antiquité. Celle-ci se développe dans les contrées méridionales, et lorsqu'elle veut, à la suite des missionnaires, pénétrer dans nos pays du Nord, elle se heurte à des races positives, en possession d'une culture musicale plutôt rude et elle se brise contre celle-ci. Nos chanteurs franks, par respect pour le chant romain nouvellement importé, mais ne pouvant réussir à l'exécuter, imaginent un moyen terme : ils conserveront les notes de la mélodie romaine, mais leur juxtaposeront des paroles qui faciliteront la mémoire de cette mélodie et la prose-séquence voit le jour.

Le chant populaire s'enrichit de cette nouvelle forme d'expression religieuse, se développe et submerge la mélodie grégorienne. A Saint-Gall même, abbaye germanique, on porte à son sommet ce genre de culture poétique musicale. Mais il était réservé à nos poètes compositeurs franks de lui donner ce tour gracieux qui, dès cette époque, était la caractéristique du génie inventif de nos ancêtres.

Telle est, résumée dans ses grandes lignes, l'évolution de l'Art musical pendant le premier millénaire chrétien.

III

Qu'advint-il de cette culture grégorienne existant bien plus nominalement que dans la pratique journalière.

Le chant grégorien avait entendu sonner l'heure de sa décadence au moment de l'apparition des séquences en Occident.

L'abbaye de Saint-Gall fut, je l'ai dit, la grande école du nouvel art.

Par respect pour la version officielle du chant liturgique dont — si l'on en croit la légende — elle paraît avoir été le dépositaire, l'abbaye resta durant de longues années le fournisseur attitré des copies manuscrites des in-folios de sa bibliothèque. Il semble, néanmoins, par l'ardeur de ses moines à écrire des séquences que le rythme authentique du chant grégorien avait dû subir de rudes atteintes même au sein du célèbre monastère. Je me réserve de parler, dans quelques jours, de la notation neumatique sangallienne.

Ce ne sont pas non plus les témoignages d'admiration et les épithètes louangeuses qu'entre eux les frères se prodiguaient, touchant leurs capacités artistiques, qui doivent nous servir de garantie sur la réalité de leurs aptitudes vraiment musicales.

Alors que les théories de cette époque sont formelles en faveur du chant fleuri, nous lisons, dans les chroniques non suspectes de l'abbaye, que les moines de Saint-Gall ayant avoué à leur confrère de Jumièges leur incapacité à retenir le chant vocalisé, s'enthousiasmèrent pour la découverte normande qui leur permettait de tourner la difficulté.

C'est assez dire, ce me semble, l'état inférieur de la culture professionnelle dans ce milieu « germanique. »

Bref, la ruine du chant s'annonce et bientôt va s'élever sur ses ruines un nouvel édifice, *l'Art mesurable* du XIIIe Siècle faisant face à celui des séquences, en attendant que les deux fusionnent en un seul : l'Art contrapuntique profane de la renaissance française, frère germain de l'Art contrapuntique de l'école franco-flamande du XVe Siècle.

A quelles causes directes ou indirectes l'Art grégorien est-il redevable de sa ruine ?

La principale est la trop rapide expansion de l'Art lui-même se heurtant à des usages invétérés autant qu'à l'impéritie des chanteurs subitement dépaysés à la vue de fioritures vocales, ayant, même dans les contrées méridionales, exigé des voix souples et pures, à Carthage par exemple, dès le Ve Siècle.

A plus forte raison, nos chantres Nord-Occidentaux, quelque férus de musique qu'ils fussent, étaient-ils radicalement réfractaires à cette culture musicale des pays orientaux. D'où, la seconde cause directe : L'invention des séquences dont les moines de Saint-Gall, eux-mêmes, firent un parasite envahissant toutes les parties de la liturgie chantée.

La troisième cause est la naissance même de l'harmonie, c'est-à-dire, à cette époque, du contrepoint.

L'antiquité grecque avait entrevu la possibilité d'une harmonisation rudimentaire ; emprisonnée dans un cercle de raisonnements dépourvus de base, elle n'avait jamais pu se libérer de préjugés à cet égard. L'idée en elle-même était restée en suspens pour être reprise en des temps à venir plus propices.

Il est aisé de voir dans nos théoriciens du VIIe au XIe Siècle une même curiosité inquiète, presque une volonté latente de sortir de l'ornière. Emprisonnés à leur tour dans un empirisme d'une autre sorte — la réglementation hâtive d'une foule de faits théoriques dont ils n'apercevaient pas l'impraticabilité — ils piétinaient sur place.

L'organum, le déchant, la diaphonie furent le résultat laborieux de la recherche d'une voie nouvelle : celle de l'accompagnement polyphonique d'une mélodie préexistante, *l'harmonie*, en un mot.

Pour trouver la loi fondamentale régissant l'alliance de deux sons, il ne suffisait pas de la vouloir trouver. Il fallait de toute nécessité traiter chacun des sons de la mélodie officielle et découvrir pour chaque degré de la gamme envisagée, l'autre degré de la même gamme dont l'audition simultanée était au moins tolérable acoustiquement.

Joignez à cela l'imperfection des instruments de musique au concours desquels on cru bon de faire appel pour soutenir le contre-chanteur, et vous conviendrez, Messieurs, que le chant devait mourir sur l'heure en se prêtant à une pareille expérimentation.

Enfin une quatrième cause, indirecte celle-là : les différents types de notation adoptés de côté et d'autre apportèrent leur contingent de trouble en offrant à l'œil des mélodies méconnaissables. Systèmes nés du caprice des notateurs, sous l'influence de circonstances locales dans les pays de mission.

Résumons : notations fautives, chanteurs incapables, invasion des séquences populaires, tentatives d'harmonisation désagrégeant ce qui subsistait par hasard des formules authentiques, c'était plus qu'il n'en fallait pour **anéantir** la mélodie romaine. Et cet anéantissement **devait** s'effectuer pour permettre l'avènement du progrès harmonique pressenti, attendu qu'il était impossible à un cerveau humain de découvrir les lois de l'harmonie, en cherchant sous un groupe composé de plusieurs notes *valant réunies une seule unité mélodique,* la ou les notes en harmonie admissible avec tout le groupe ainsi constitué.

Découvrir ce principe a exigé cinq Siècles de tâtonnements dont deux au moins d'essais informes et barbares, tous établis sur une base plane, uniforme, destructive de tout rythme de la mélodie ainsi travaillée.

A son tour cette base plane est si bien établie, qu'au XIVe Siècle on ne parlera plus que de plain-chant. Elle est si solidement fondée qu'elle permettra : *à l'art mesurable* de tenter toutes les combinaisons de rythme, *à l'art palestrinien* de s'élever sur l'art mesurable, *à l'art de Bach* de surélever le monument dont *l'art moderne* est le couronnement.

Vous voyez, Messieurs, quelle cohésion nous retrouvons partout dans notre exposé méthodique.

Naissance, progrès, efflorescence, apogée, décadence, ruine nécessaire de chaque forme d'art pour permettre à une forme nouvelle de voir le jour.

Telle la fleur éclôt, s'épanouit, se fane et meurt en laissant subsister après elle la graine précieuse qui, semée à l'heure voulue par la nature, produira une nouvelle plante portant en elle le germe de celle qui lui succédera.

Rapprochons maintenant toutes ces transformations successives, et représentons-nous les comme en un tableau synthétique. Ce sera notre conclusion.

IV

Nous passerons mémoire sur la musique hébraïque dont on ne sait rien de précis, sauf en ce qui concerne certains usages d'exécution.

En Grèce, avec Pindare et les tragiques, nous sommes dans le pur classicisme grec. Il s'étend du VIe au IVe Siècle avant notre ère.

La période instrumentale lui succède en portant la première atteinte aux principes établis et respectés par les tragiques. La musique se dégage de la déclamation poétique et devient un art plus caractérisé.

Cette période descend jusqu'à l'aube des temps modernes et se confond insensiblement avec celle de l'art gréco-romain. L'évolution du goût public s'accentue ; bientôt le règne de l'art antique sera consommé, et nous avançons jusqu'au IIIe Siècle de notre ère.

Le christianisme s'installe en triomphateur et reprend en mains la culture de l'Art musical, comme moyen pratique d'une plus grande diffusion du dogme nouveau. La forme adoptée est la coupe métrique musicale : c'est l'école de Saint Ambroise, IVe Siècle.

L'école de Saint Augustin pose les bases de l'art futur : la Cantilène romaine, Ve Siècle.

La propagation de la nouvelle religion amène la compénétration réciproque de civilisations artistiques diverses, mais tendant à se fondre en un tout homogène. La rythmique latine formera la base de l'édifice musical, la mélodie pure, *continue*, d'origine et d'essence orientales, en sera l'ornement. L'art chrétien apparait, VIe Siècle.

La culture intense de cet art original va jusqu'à l'efflorescence, et, sous les Papes helléniques probablement, atteint son apogée en Italie. Les écoles de chantres sont fondées et prospèrent, les copies manuscrites du chant officiel se répandent un peu partout. Nous avons traversé le VIIe et le VIIIe Siècles.

La trop rapide expansion de cet art nouveau, l'éloignement du centre de la chrétienté, les troubles politiques, les compétitions de clocher arrêtent cet essor, et l'introduction du genre populaire des séquences le fait dévier. Nous sommes au IXe Siècle à un tournant de l'histoire de l'Art musical.

Le manque de guides éclairés, les copies hâtives, l'incapacité de chanteurs mal préparés à la mise en œuvre de matériaux délicats, ébranlent l'édifice si laborieusement construit. Nous sommes au Xe Siècle.

Les théoriciens jettent le cri d'alarme à la vue des dilapidations qui se préparent et s'effectuent déjà dans le rythme des œuvres grégoriennes aussi bien que dans leur forme mélodique. Leur voix n'est pas entendue. Le monument s'effrite sous la main inexperte des professionnels du Xe Siècle, et à la porte du XIe Siècle les commentateurs des maîtres disparus ne peuvent plus que gémir en présence des ruines accumulées.

Les commentateurs passent à leur tour et les générations suivantes qui n'auront connu qu'un monument délabré, ne pourront s'imaginer la splendeur de son état premier, aussi la *tradition* s'établira-t-elle que ce monument n'était imposant que par sa masse et non par la pureté de ses lignes architecturales. Nous sommes au XIIe Siècle.

De là à jeter tout à terre, il n'y a que la distance qui sépare un désir de son exécution. On rase tout au niveau du sol. Ce qui reste de la merveille insoupçonnée des temps passés gît à terre en matériaux épars dont on n'emploiera désormais que ceux n'ayant pas subi l'injure des temps. En l'espèce, ce sera la base rythmique, humaine, invariable, intangible : l'égalité de toutes les unités rythmiques qui constitue toute mélodie. Nous sommes au XIIIe Siècle.

L'Art grégorien a vécu. La musique mesurable

s'élève à vue d'œil sur ses ruines. Un nouvel art se dessine au XIVe Siècle.

Une pléïade d'artistes nait comme à point nommé au XVe Siècle pour concourir à l'élaboration de la nouvelle œuvre qui s'épanouira sous le nom de musique scholastique contrapuntique, dont le terme merveilleux : Palestina, remplira tout le XVIe Siècle.

De l'art palestrinien sortira notre art moderne mesuré, progressivement porté à son sommet par les maitres dont les œuvres vous sont connues, puisqu'elles sont le pain quotidien de l'artiste.

Vous ne me pardonneriez pas, Messieurs, de me livrer à un commentaire désormais superflu de l'enchaînement de tous ces faits, mais vous m'excuserez, — j'en ai la conviction, — après cet exposé quelque rapide que j'aie été obligé de le faire, de mettre à nu la conclusion particulière qui s'impose.

L'Histoire de la Musique qui s'arrêtait au IIIe Siècle de notre ère pour reprendre au XIIIe Siècle en laissant, dans nos connaissances, un vide de mille années comblé, disait-on, par la culture du plain-chant informe dont nous n'avons que trop longtemps déploré la nullité et l'antimusicalité — l'Histoire de la Musique, dis-je à mon tour, parait rétablie sans violence, sans hypothèses, dans ses grandes lignes, siècle par siècle, sans aucune solution de continuité. Toutes les transformations de l'Art musical y sont visibles, palpables, parce qu'elles se déduisent logiquement les unes des autres.

C'était mon but, j'espère l'avoir atteint.

Il me reste, néanmoins, à corroborer cette exposition historique par la démonstration théorique qui la certifie.

Ce sera l'œuvre nouvelle à étudier au cours des leçons hebdomadaires que le Conseil de la Faculté des Lettres m'a fait l'honneur de m'autoriser à professer dès aujourd'hui dans cette chaire.

MEMENTO

www.ingramcontent.com/pod-product-compliance
Lightning Source LLC
LaVergne TN
LVHW010003230826
846092LV00002B/630

9782019962494